SINGULARITET

UFULDENDTE SERENADER

Et Reckwitzsk illusionsbind

Kim Gørtz

FSC
www.fsc.org
MIX
Papir fra ansvarlige kilder
Paper from responsible sources
FSC® C105338

KIM GØRTZ

SINGULARITET

UFULDENDTE SERENADER

Et Reckwitzsk illusionsbind

SAGARO REC & PUB

ISBN: 978-87-7691-803-3

Forlag: BoD · Books on Demand, Strandvejen 100, 2900 Hellerup,

bod@bod.dk

Tryk: Libri Plureos GmbH, Friedensallee 273, 22763 Hamborg, Tyskland

Det handler om den konstante fremstilling af atmosfærer, objekter, teknologier, som først og fremmest skal pirre sanserne og danne baggrund for affektive og intensive oplevelser, ligesom det handler om æstetisk selv-præsentation, kreativt selvudtryk og om afgørende ændringer i arbejdsliv, i boformer og byrum, i forbrugsmønstre og i opfattelsen af det gode liv.

Andreas Reckwitz

Kreativitetens opfindelse, s. 12, 2020

Af-fortryller

Opmærksomhedsøkonomi

Nye sansemæssige pirringer og selvudfoldelse; cirkulerende objekter, *at gøre det æstetiske til et grundprincip for livet* – begivenhedernes og oplevelsernes pirringsværdi, en æstetisk innovation.

Den frisættende kreativitetspsykologi, det kreative liv, det æstetiserede øjeblik; tid til at tænke nyt, en ny plads, sanseliggørelse – det æstetiske som en integreret del af den nye økonomi.

Gensidighed og åbenhed i det senmoderne arbejdsliv; den kreative selvtransformation, 'den kreative etos', en selvrealiseringsmodel, et krav til arbejds- og erhvervsverdenen.

Evnen til at frembringe noget nyt på en kreativ måde, vitalitet og lyst til at eksperimentere, som en slags kunstner – i en "æstetisk kapitalisme" – originalitet og nyskabelser, permanent innovation.

Selvskabelseskultur og selvvækstpsykologi, psykiske selvteknikker, æstetisk selvopfindelse; "... den ikke-fremmedgjorte eksistens som en varig tilstand af kreativ nyskabelse".

I en forhåbning om emancipation; at overvinde den tilsyneladende repressive vestlige rationalisme, et kreativitetsdispositiv, en performativitets-æstetik, en nærværs-æstetik, en økologisk æstetik.

Orienteringen af den sociale praksis i retning af produktion, selvskabelse og en kontinuerlig oplevelse af det æstetisk nye synes i øjeblikket at have kolossal stor gennemslagskraft og dominerer vores kulturelle forestillingsverden.

Reckwitz, Kreativitetens opfindelse, s. 348, 2020

I den kulturelle kapitalisme og i den nye middelklasses (og den nye overklasses) livsstil spiller singularitetsklassikerne, der tilegnes igen og igen, fortidens nyskabelser, som er omgivet af en aura af værdifuld originalitet, en central rolle i forbindelse med kurateringen af den personlige livsstil som tilfredsstillende og prestigefuld.

Reckwitz, Kreativitetens opfindelse, s. 348, 2020

Når mennesker, ting, steder eller kollektive grupperinger fremstår som særegne, tilskrives de en værdi, der gør dem samfundsmæssigt værdifulde.

Reckwitz, Singulariteternes samfund, s. 27-28, 2019

En begivenhed kan kun rubriceres som enestående, hvis den opfattes som en begivenhed, der fremkalder indtryk og betydninger af en særlig tæthed.

Reckwitz, Singulariteternes samfund, s. 130, 2019

Indhold

Den senmoderne by opfattes faktisk på mange måder på linje med det menneskelige kreative individ, der, ligesom i nyere managementlitteratur og i psykologien, må tilstås udbredt autonomi og rettighed til selvudfoldelse og selvskabelse.

Reckwitz

Kreativitetens opfindelse, s. 16, 2020

En sansernes sociologi

Sanse-fænomenologiske perceptioner og affekter, pirringsintensiteter, afficeringer, æstetiske atmosfærer; berøres følelsesmæssigt, i en kollektiv ekstase, i betydningsproduktionernes rapsodiske opremsninger.

Æstetiseringsmaskiner og æstetiseringsagenter ”forvandler livet til kunst” med autonome pirringssekvenser; en sanselig-semiotisk produktion med fortættede pirringscentre.

Et opmærksomhedsregime; eskalationer og 'æstetiske apparater', en opmærksomheds-styring, der besidder en transformativ kraft.

Den lyse og klare aften. Den frit formet og underholdende kærlighedssang. Som en forelsket bejler synges disse sange til en elsket læser: *Singularitet. Ufuldendte serenader. Et Reckwitzsk illusionsbind.*

Det er helt Reckwitzsk!

1. Singularitet
2. Kreativitet
3. Attraktivitet
4. Autenticitet
5. Opmærksomhed

Ufuldendte serenader på vej

Sæson 2

Sker. *Et Kirkebysk begivenhedsbind*

Etos. *Et Spinozask substansbind*

Askese. *Et Schopenhauersk forestillingsbind*

Magt. *Et Foucaultsk galskabsbind*

Begær. *Et Freudsk neurosebind*

Selv. *Et Laingsk spaltningsbind*

Sundhed. *Et Frommsk hjertebind*

Skrift. *Et Barthessk tegnbind*

Tidligere udgivelser i sæson 2

Frigørelse. *Et Marcusesk erosbind*

Tidligere udgivelser

Sæson 1

Frifundet. Et Kafkask procesbind

Inderlig. Et Kierkegaardsk eksistensbind

Væsentlig. Et Heideggersk værensbind

Aura. Et Benjaminsk passagebind

Hellig. Et Agambensk nøgenbind

Immobil. Et Sloterdijksk sfærebind

Fremmed. Et Rosask resonansbind

Flugt. Et Deleuzesk rhizombind

Livsvilje. Et Nietzschesk kraftbind

Negativ. Et Adornosk fortryllelsesbind

Det arbejdende menneske forudsættes nu i
dobbelt forstand som innovativt fra naturens
hånd, nemlig som et kreativt subjekt, der
stræber efter selvudvikling og stadig nye ideer,
og som et entreprenant selv, der afsøger sin
omverden efter den udfordring, der kan gøre
det muligt for det at realisere sig selv og sine
ideer.

Reckwitz

Kreativitetens opfindelse, s. 187, 2020

Æstetisk socialitet

Eksklusive grænsenedbrydninger, det sanseligt-affektives endeløse cyklus; opmærksomhedsfiltre, imitationsæstetik, en kulturel aura, æstetisk kompetence og æstetisk koncentration.

En intens, sansemæssig koncentration, æstetisk intensitet, stilens semantik, et følsomt blik; 'personlighedsoplevelse', affektiv kompetence og skandalelogik.

Subversive livsstile, melankolsk, "mistet sin aura"; degenereret, aggressiv forkastelse, affekt-kartografi, en affektiv kampzone, en æstetisering af det sociale, det aura-omkransede, kreative jeg.

Centrifugale, fundamentale transformationer, 'et æstetisk arbejde', *en centrifugal kunstpraksis*; excentrisk, ekspressiv selv-iscenesættelse – publikums fascinerede blikke.

Aura, patologisering, affektiv afdramatisering; autonomi-æstetik, en krykke i 'spontanitetsprogrammeringens' paradoks; en eksperimentel kreativitetspsykologi.

At skærpe sensibiliteten og den taktile fornemmelse, intellektuelt pirrende, og gådefulde med spontane 'aha-effekter'; begivenhedsværkets gensidige berøringer, en pirrings-sensibilitet, med atmosfære-skabere, en tegn-manipulator, en opmærksomheds-mobilisering.

Tærskelerfaringernes forvirring og ubehag; hæslighedens æstetik, en arena med pirringshungrende, hvor 'alt fast og solidt fordufter' i *den æstetiske økonomi* – vore dages økonomi.

Med tegn-, oplevelses- og affektskabelse bliver det æstetiske arbejde til emotionel entusiasme; en ny arbejdspraksis med autenticitet og 'opfindelsesevne', et 'eksperimentarium' med høj affektiv intensitet.

Harmonisk samvær med en stærk gruppeetos, med en stræben efter selvrealisering, selvtransformation, 'styring ved selvkontrol'; *med virksomheden som en emergerende social struktur*.

Det kulturelle ved organisationen er for det første den permanente skabelse af ideer, tegn og oplevelsesformer, for det andet det ensemble af værdier og identiteter, som 'organisationskulturen' stiller til rådighed for et menings- og værdifuldt arbejde.

Mens kulturen på det ene plan fremstår som dynamisk og flydende, er den stabil på det andet, for virksomheden kan kun fokusere på en permanent produktion af nye ideer inden for en fast ramme af fælles identiteter og værdier, der fremmer kreativiteten.

Reckwitz

Kreativitetens opfindelse, s. 188, 2020

Organiske ledelsesorganiseringsprocesser

Evolutionære systemer er kreative systemer (Weick); et paradigmeskift, der gøres følsom, en sanse-økonomi med 'æstetisk inklusion', med mobilisering af livsstile, med den 'æstetiske aktivisme', med skabelserne af selvet.

Livsstilsvirksomhedernes omrejsende tivoli der skal stimulere folks købelyst, en lyssky manipulation udi oplevelsesstil, der er sansemæssigt tilfredsstillende; *skaber billeder, der vækker begær.*

En aktiv livsstil tæt på naturen, et rum for at fastholde opmærksomhed, en sansemæssig generobring af bylivet; 'den æstetiske vending', design-økonomien, hvor "enhver medarbejder rummer en medfødt stræben efter personlig vækst".

De livsfilosofiske forskelle mellem de vitalistiske, kreative evner og 'idekraften' er emotionaliseringen af – og entusiasmen i – 'det bevægelige nu'; *en karnevalsagtig organisation* med to selv-teknologier, nemlig 'at give slip' og det 'formgivende samarbejde'.

Med ambivalente aktiviteter af kolossal affektiv intensitet, med emotionel fryd over at skabe noget nyt og opildne hinanden er den emotionelle anstrengelse det nye sociales regime; æstetiserings-processernes tegnøkonomi og kognitive kapitalisme.

Idealet er nu et subjekt, der er i stand til at forbinde sin indre higen efter selvudfoldelse med den sociale nødvendighed af kreative problemløsninger i hverdagen, på arbejdspladsen og i samfundet som helhed.

Reckwitz

Kreativitetens opfindelse, s. 234, 2020

Genealogiske knudepunkter

Psykisk normalitet, der skal testes, psykisk sundhed, en intellektuel teknologi, en emotionel spænding og uro; at mobilisere det psykiske potentiale, at udnytte enhver kreativ begavelse.

En strømmende handlepraksis, et vækstpotentiale, 'en styring af selvstyringen'; en autopoietisk kraft, produktiv og vital – "hjernen som et kreativt organ".

'Stjernepotentiale', berømtheds-regimer, auratisering, spektakularisering, personlighedskult; en 'værkstjerne', opmærksomhedsspiralernes 'livlighed'.

Pirringsrum, intens vitalitet, en atmosfære af tæmmet dynamik og diversitet; civil kreativitet, *den romantiske kærlighed og familielivets følelsesmæssige intensitet*.

En endeløs strøm af nye stimuli, nærvær, 'sammenligningskampe', at føle sig levende, autentisk, tiltrække sig positiv opmærksomhed; *at skabe, opleve, beundre og lade sig anspore*…

Promoveringen af livet forvandler sig til kreativitetens vitalisme, planlægningen af det sociale bliver til incitamenter til social symbolproduktion, og implementeringen af markedet til opmærksomhedskonkurrencen mellem storbyerne.

Reckwitz

Kreativitetens opfindelse, s. 299, 2020

Opmærksomhedskultur

Den æstetiske overbudslogik; "kampen om at erobre og fastholde opmærksomheden", den kreative livsførelse og de æstetiske selvteknologier – levedygtige i 'den flydende æstetik'.

Livsførelsesmodellernes hverdagspraktiske og biografiske logik; den kreative livsform, de nye dissonansoplevelser, depressioner og udmattelsessymptomer.

Kreative præstationskrav, fiaskoernes blindgyder, 'utilstrækkelighedslidelserne', alle de diverse former for misbrug; den sociale prestigegevinst, 'det miskendte geni', i en opmærksomheds-praksis, med en opmærksomheds-kapital.

De knusende opmærksomhedsforstyrrelser i hverdagens gentagelsesæstetik; bremser en strøm af mental aktivitet, i oplevelsen af det immobile – i en eksistensæstetik.

Stillness; ro, stilhed, stilstand og ubevægelighed.

Hvis subjektet angiveligt er kreativt fra naturens hånd og selv ønsker at være det, vil dårlige eller manglende præstationer ikke blot forhindre det i at opnå social anerkendelse, men også stride mod dets jegideal og dermed undergrave dets selvagtelse.

Reckwitz

Kreativitetens opfindelse, s. 332, 2020

Ukontrolleret forstærkningsdynamik

Det, at kunne være kreativ, har forvandlet sig til et forventningskatalog; i den kulturelle kapitalisme, som en global kulturmaskine, med en gigantisk, mobil opmærksomheds-økonomi.

Singularitets-akkumulation og opmærksomheds-mobilisering; 'egenkompleksitet' og 'indre tæthed', det særlige, enestående – som en differentieret sensibilitet – som en *autenticitetens kultur*, i en attraktionskultur.

Et kalejdoskopisk mønster af uerstattelig og ikke-sammenlignelig særegenhed; en kulturalisering af det sociales tumleplads med selvrealiserings-fordringer, følelsesintensivering og værdi-tilskrivninger – et affektsamfund.

Dyrkelsen af øjeblikket, selvudfoldelse og autenticitets-evolution; særegenheds-logikkens gabende svælg – det særegnes politik – *at være et knudepunkt i et åbent netværk*.

Det vil blive et spørgsmål om at imødegå æstetiseringsudvidelserne med en lokal styrkelse af den sociale moral, at bremse nyhedsregimets tomgang ved at sænke tempoet og fremelske en højere grad af koncentration og at bryde afhængigheden af et iagttagende publikum ved at skabe muligheder for at unddrage sig andres blikke.

Reckwitz

Kreativitetens opfindelse, s. 350, 2020

Kun når det virker autentisk, er det attraktivt

Hverdagens livsverden, forandringsresistente krystalliseringspunkter; knudepunkter, som er forbundet med en kompleksitet af en vis tæthed – herkomstmiljøer og neo-fællesskaber.

En singularitets-kompetence, en maskinel singularisering; at udfolde en 'aura' på et opmærksomheds-marked for kulturelle singularitets-varer – med et autenticitetsideal.

Affektintensiveringslogikkens autenticitets-revolution i en singularitets-økonomi, hvor attraktivitets-markeder og heterogene kollaborationer arrangerer 'det særegne liv'; med en særlig fascinationskraft.

"At snyde dem (her og nu)" i en 'særegenhedsgørelse', i/med 'det sjældne', som eksklusive – *unika* – autentiske, ægte, som *en næsten tømt tegnform*, med en meta-autenticitet, en afficering-kapacitet, tiltrækningskraft, overflod; et spild, en overraskelses-økonomi, med – og i – et opmærksomheds-regime.

Fremstillingen af kulturelle singularitetsvarer kræver en bestemt type arbejde, nemlig et *kreativt* arbejde, der er orienteret mod det nye og mod kulturelle elementer, som for det meste har karakter af projekter, og som drives fremad af en indre motivation og trækker på *hele personligheden*.

Reckwitz

Singularitєternes samfund, s. 171, 2019

Entusiasme; 'det evige talent'

Et pludseligt gennembrud, en singularitets-kapital; med valoriseringsmaskineriet, som "en kombination af opmærksomheds- og omdømme-kapital – som den kulturelle kapital", som en skuffelsestendens.

"At være synlig og gøre en forskel"; som social prestige og selvværdsfølelse, som 'beundring' og 'uerstattelighed', som de kreative stjerner, i den kreative klasse – i selv-glorificeringen.

Med gnidningsfladernes overraskelsespotentiale; i en narrativ spændingsbue, i en affektiv tæthed, i samvirkningens praksis – i en talent-økonomi.

Denne autenticitets-performance med refleksive singulariserings-metoder; som *en optimering, nemlig af sig selv, HRM som er en singulariserings-teknik, som en superstar-økonomi.*

Forfængelighedens sociologi; "singulariseringernes økonomi hungrer efter arbejdspersonlighedernes særegenhed", en singulariseringsteknologi som affektmaskine, der tryllebinder, en fortællemaskine.

Teknik er i stadig mindre grad et værktøj, idet den i stadig højere grad bliver til en teknologisk omverden, som subjekterne bevæger sig rundt i, og denne omverden er dybest set en *kulturel omverden*, som uophørligt påvirker subjekterne følelsesmæssigt.

Reckwitz

Singulariteternes samfund, s. 216, 2019

Sociale grænseoverskridelser

Konstant og overalt, opmærksomheds-prestige – *momentaniseres* – som en modulær eller kompositorisk singularitet, som en profil, som et dramaturgisk selv, på en arena, med et publikum; *som en enestående personlighed, hvor det gælder om at være 'sig selv' på en autentisk måde*.

'Filterbobler', skam- og pinlighedskultur, irritations-potentiale; en svækkelse, 'begærets ekkorum', at 'autentificere livet', et *kurateret* liv, med en eksplorativ holdning på livsførelsesplanet.

Singularitets-prestige og paradoksal performativ selvrealisering; *selvets sted* – øjeblikkenes singularisering, en 'sjældenhed', en æstetiserings-praksis i *bevægelses-kulturer*.

Et singulariserings-program med en særegenheds-logik, med en produktiv aktivisme og et 'selvudfoldelses-imperativ', med den størst mulige livsfylde; hele amok-løbet – *"at holde den gående", "at stå det igennem", "at lade sig føre med strømmen"*.

... selvrealiseringssubjektet 'befolker' sit liv med praksisser, hvor *objekter, steder, begivenheder, kollektiver eller andre subjekter* kan *erfares som enestående*, kan værdsættes og nydes i al deres singularitet.

Det singulære subjekt er dermed resultatet af en sådan særegen bevægelse gennem verden.

Reckwitz

Singulariteternes samfund, s. 262, 2019

Ambient *intelligence*

Transitpunktets berømmelses-kapital; frisættelse af det individuelle, de 'grinende gerningsmænd', de ekstreme ydmygelser – *exceptionalitet* – en superdiversitet, 'at sejre sig selv ihjel'.

Hele verdenssamfundet med det liberale fremskridts-narrativ; at aftegne sig et mønster, i skrøbelige krise-momenter, i katastrofe-stemning, i kultur-kritisk selv-ransagning og økologisk debat, i dystopi, i manio-depressivitet, i grænseløs eufori, i dybfølt håbløshed – i undergangs-diagnoser.

Katastrofe-scenearier, *nostalgiens halmstrå*, sammenhold og mageligt livs-tempo, æstetiske retro-tendenser; en socio-analyse med *alarmistiske* forfalds-diagnoser – i nutids-samfundet – med et højt skuffelses-potentiale, som lægger beslag på opmærksomheden og værdsættelsen, med konkurrencen som livskvalitet.

En aggressiv populisme, en udmattet selvrealisering, i en følelseskultur, i et slaraffenland med symbol- og oplevelsesværdi, hvor en deltagelseslogik, som et fælles og delt læringssted, med kritisk modvægt, former de social-filosofiske debatter.

De mobile livsstile med en følelse af fremmedgørelse; hverdagspraksisser med livschancer, livsfølelser og samfundsmæssig prestige, der former og udgør en kulturel kapital.

I et nedturs- og opturs-samfund; med en værdi-ændring, med nydelses-dyrkelse og oplevelses-glæde, med et højt emotionelt identifikations-potentiale, med en rumlig mobilitet, og en 'vellykket selvrealisering.

Med et rodfæstet selv med en nødvendigheds-etos, hvis "skalkeskjul for en ren egoisme" fægter eller snor sig igennem; 'feberredninger', 'pukleri', 'hægtet af' – med et håb om social optur.

En verdensforbedrende etik; at give sin livsstil 'frie tøjler', et stillads, en opløsningsgrad, en 'hjerneflugt', i et socio-økologisk miljø, i et performer-miljø, hvor dannelseskulturen i et ekspeditivt miljø, skaber et stort konfliktpotentiale.

Med fremmedgjorte sympatisører, i politisk spagat, i en tom midte, i et 'nedturssamfund'; i en had-kultur med kognitive varer og kulturel særegenhed, i en mætnings-krise.

... den singularistiske livsstil og dens bevægelse i retning af en autentisk selvrealisering medfører en omvending af værdierne, nærmere betegnet en større vægtning af *livskvaliteten* og *det gode liv* frem for levestandarden.

At tilføre livet *kvalitet* ... være helt igennem *god*, dvs. værdifuld, autentisk og tilfredsstillende.

Reckwitz

Singulariteternes samfund, s. 263, 2019

Overflødighedsteknologi

Mætnings-krisen; normaliseringsarbejdet og talent-krigen – nutidens økonomi – en digital-økonomi, en immateriel kapital, en intellektuel kapital, en human-kapital, en *kognitivisering*.

En kognitiv produktion, en emotionel attraktivitet, et kulturelt forbrug; en 'mærkeværdi', *tomhændede tilbage*, en berigelse-økonomi, der ridser i omdømmet, en konkurrencelogik, hvis markedsliggørelse udgør en dybtgående kultur-økonomisering.

'Det udmattede selv', overbebyrdet i en gennempsykologiseret kultur, i en radikalt følelsesbetonet kultur, med 'en levende emotionalitet', hvis 'livs-mening' udgør;

"en diskret tilpasning til en social kontekst, en udpræget skepsis over for emotioner og kampen for at disciplinere sig selv for at opfylde sociale pligter." (Reckwitz, Illusionernes undergang, s. 178, 2021)

"... et selv, hvis primære mål er at realisere sine muligheder og ønsker, og modellen af et selv, der orienterer sig mod høj social status og dermed også tilstræber en vellykket selvfremstilling i offentligheden." (Reckwitz, Illusionernes undergang, s. 179, 2021)

Med en personlighedsfølsom selvvækst, der vil opnå omsorg, tryghed og accept, med følelsesmæssig intensitet, autenticitet og kreativitet, *som den eneste mulige måde at leve sit liv på* – og at udfolde sine egne talenter.

Den performative selvrealisering, som gør sit interessante liv synligt, attraktivt med en særegen, emotionel tiltrækningskraft; med en 'usædvanlighedens karisma', i en ambitiøs selv-kultur.

Med et vellykket liv, som skal være autentisk og attraktivt i det store 'livsregnskab'; og med skuffelsen i sfæren for intime relationer, i en rasende statuskamp, i en sammenlignings-teknologi.

Misundelse, aggressivitet, ambivalenser, forstyrrende og sårende; sensibiliseringens 'mærkbare' eskalationsmønster, selvudvidelses-idealet, 'det ukontrollerbare', med afmagtens skuffelses-risiko.

Sorg, angst, raseri; at løsne og *angive et nøgternt blik på livets ukontrollerbarhed* – afskeden med selvoptimerings-kulturen, med grænserne for vækst.

Den vare, der vil have succes på markedet, må i den kulturelle kapitalisme ud over sin rene nyttefunktion tilbyde en symbolsk værdi – i form af originalitet, eksklusivitet, fortrolighed osv. – kort sagt blive en *kulturel vare*.

Reckwitz

Illusionernes undergang, s. 122, 2021